Salahddine Krit

Educação e Formação na Universidade

Salahddine Krit

Educação e Formação na Universidade

Eixos estratégicos

ScienciaScripts

Imprint

Any brand names and product names mentioned in this book are subject to trademark, brand or patent protection and are trademarks or registered trademarks of their respective holders. The use of brand names, product names, common names, trade names, product descriptions etc. even without a particular marking in this work is in no way to be construed to mean that such names may be regarded as unrestricted in respect of trademark and brand protection legislation and could thus be used by anyone.

Cover image: www.ingimage.com

This book is a translation from the original published under ISBN 978-620-7-47989-4.

Publisher:
Sciencia Scripts
is a trademark of
Dodo Books Indian Ocean Ltd. and OmniScriptum S.R.L publishing group

120 High Road, East Finchley, London, N2 9ED, United Kingdom
Str. Armeneasca 28/1, office 1, Chisinau MD-2012, Republic of Moldova, Europe
Printed at: see last page
ISBN: 978-620-0-31307-2

ÍNDICE

Área estratégica I 25

Área estratégica II 34

Área estratégica III 41

Área estratégica IV 50

Área estratégica V 62

Área estratégica VI 72

CONCLUSÃO.................................... 81

REFERÊNCIAS 85

PREÂMBULO

A Universidade Ibnou Zohr é uma das maiores universidades do sul de Marrocos. Está situada em Agadir e abrange várias cidades da região. A universidade desempenha um papel central no desenvolvimento do ensino superior na região, abrangendo um vasto leque de disciplinas, desde as ciências, literatura e humanidades, até à economia, gestão e direito. Com as suas numerosas faculdades, escolas e centros de investigação, a Universidade Ibnou Zohr contribui ativamente para o desenvolvimento intelectual, científico e cultural da região de Souss-Massa, respondendo às necessidades educativas e socioeconómicas do país.

A Escola Superior de Educação e Formação (ESEF) de Agadir

Integrada na Universidade Ibnou Zohr, a Escola Superior de Educação e Formação (ESEF) de Agadir ocupa um lugar importante no sistema educativo marroquino. Criada para responder à procura crescente de profissionais qualificados no domínio do ensino, a ESEF dedica-se à formação de professores e gestores educativos competentes, capazes de se adaptarem às reformas e desafios educativos modernos.

A escola oferece uma vasta gama de cursos, desde a licenciatura ao mestrado, com especial incidência na inovação educativa, na gestão da sala de aula e na integração das novas tecnologias no ensino. É também apoiada por programas de formação contínua para permitir que os professores em exercício actualizem as suas competências. Enquanto instituição ligada à Universidade Ibnou Zohr, a ESEF de Agadir está empenhada em formar profissionais capazes de acompanhar a evolução do sistema educativo marroquino, contribuindo simultaneamente para melhorar a qualidade do ensino no país.

A École Supérieure de l'Éducation et de la Formation (ESEF) de Agadir é uma instituição de referência em Marrocos, especializada na formação de professores e profissionais da educação. O seu objetivo é melhorar o sistema educativo, oferecendo programas adaptados aos desafios actuais, tanto a nível teórico como prático.

1. Programas de formação :

A ESEF oferece uma série de cursos que abrangem diferentes níveis de ensino:

•   **Licenciatura em Ciências da Educação**: Este curso de licenciatura proporciona aos estudantes uma base sólida em pedagogia, psicologia da aprendizagem e teoria da educação.

•   **Mestrado em Ciências da Educação**: Este curso de pós-graduação aprofunda temas como a gestão escolar, a avaliação de competências e a administração educativa. Também forma os estudantes em reformas educativas e inovação pedagógica.

•   **Formação contínua**: Para os professores já em funções, estão disponíveis cursos de formação profissional para os ajudar a melhorar as suas competências, nomeadamente no domínio de ensino digital e do ensino à distância.

2. Estágios e imersão prática :

Os estudantes beneficiam de estágios em escolas, o que lhes permite aplicar os conhecimentos teóricos num ambiente real. Desenvolvem competências no domínio da gestão da sala de aula e da adaptação dos métodos de ensino às necessidades dos alunos.

3. Empenho na reforma do ensino :

A ESEF de Agadir está a contribuir para os esforços de modernização do sistema educativo marroquino, em conformidade com a Visão Estratégica 2015-2030. A escola está ativamente envolvida em reformas destinadas a melhorar a qualidade do ensino, a promover a educação inclusiva e a integrar as novas tecnologias na sala de aula.

4. Competências desenvolvidas :

Os estudantes adquirem uma série de competências profissionais, incluindo :

- **Pedagógica**: Capacidade para conceber aulas adaptadas aos alunos, utilizar técnicas de avaliação eficazes e gerir as turmas da melhor forma possível.
- **Tecnológico**: domínio das ferramentas digitais, do ensino à distância e dos recursos interactivos.
- **Relacionais e organizacionais**: comunicação eficaz com alunos, pais e colegas, gestão do tempo e planeamento das aulas.

5. Recursos e infra-estruturas :

A escola dispõe de recursos modernos para facilitar a aprendizagem:

- **Salas de aula interactivas** com equipamento digital.
- **Centros de documentação** de literatura especializada.
- **Laboratórios de ensino** para simular situações de ensino antes de as experimentar no terreno.

6. Oportunidades de emprego :

Os licenciados da ESEF Agadir podem aceder a uma variedade de carreiras, tais como :

- Professores do ensino público e de escolas públicas, a vários níveis.

- Gestores ou supervisores pedagógicos.

- Conselheiros pedagógicos, formadores ou investigadores no domínio da educação.

O ESEF de Agadir forma profissionais preparados para enfrentar os desafios do sector educativo marroquino em rápida evolução.

O projeto de desenvolvimento para o período 2024-2028 é enquadrado pelas Orientações Reais citadas nos seguintes extractos dos discursos de Sua Majestade o Rei Mohammed VI:

Extractos dos discursos de Sua Majestade o Rei Mohammed VI sobre a Educação Nacional, o Ensino Superior, a Investigação Científica e a Inovação

"A reforma judiciosa do sistema de educação e de formação é o caminho essencial para enfrentar os desafios do desenvolvimento, porque temos de reconhecer que não se trata apenas de uma reforma setorial, mas de uma luta salutar face a um enorme desafio. E, para o conseguir, n ã o nos resta outra alternativa senão promover a investigação e a inovação, e

*assegurar a valorização dos nossos recursos humanos, que são o nosso principal ativo...'' **(Extrato do discurso de Sua Majestade o Rei por ocasião do Dia do Trono, 30 de julho de 2009).**

"Esperamos também que esta governação contribua para reforçar as bases da solidariedade nacional e consolidar a justiça social, que assenta na recuperação contínua do sistema educativo.

Para tal, será necessária uma maior consciência da importância dos progressos realizados neste domínio e uma melhor compreensão do longo caminho que ainda temos pela frente.

É, pois, necessário desenvolver esforços constantes e sustentados e ter a firme convicção do papel crucial do sistema escolar nacional como fórum privilegiado de expressão do princípio da igualdade de oportunidades e de introdução das virtudes da cidadania, e como fonte inesgotável de recursos para o desenvolvimento humano...". **(Extrato do discurso de Sua Majestade o Rei na abertura da 1ª Sessão do 3º ano legislativo, 09 de outubro de 2009).**

"No meu discurso de abertura ao Parlamento, sublinhei a necessidade de colocar as questões da juventude no centro do novo modelo de desenvolvimento.

Apelava também ao desenvolvimento de uma estratégia integrada dedicada aos jovens, que definisse os meios para promover efetivamente o seu estatuto.

Com efeito, um jovem não pode ser chamado a desempenhar o seu papel e a cumprir o seu dever sem ter beneficiado previamente das oportunidades e das qualificações necessárias...".

"De facto, não podemos continuar a aceitar que o nosso sistema educativo funcione como uma máquina de produzir legiões de desempregados, especialmente em certos cursos universitários cujos diplomados, como todos sabem, têm enormes dificuldades em entrar no mercado de trabalho...".

"...Além disso, quando um grande número de jovens, nomeadamente os que possuem diplomas avançados em domínios científicos e técnicos, pensa em emigrar, não é apenas motivado pelos incentivos tentadores da vida no estrangeiro. Consideram também esta possibilidade porque no seu próprio país não dispõem de um clima e de condições favoráveis à vida ativa, à progressão profissional, à inovação e à investigação científica...".

" ... Por conseguinte, instamos o governo e as partes interessadas a tomarem, o mais rapidamente possível, uma série de medidas destinadas, nomeadamente, a atingir os seguintes objectivos

- Primeiro: proceder a uma revisão global dos mecanismos e programas públicos de apoio ao emprego dos jovens, para os tornar mais eficazes e adaptados às expectativas dos jovens. Esta revisão deve basear-se no modelo que defendi no discurso do trono para os programas de proteção social...".

"... - Em segundo lugar: dar prioridade às especialidades que conduzam ao emprego e instaurar um sistema eficaz de orientação precoce no segundo ou terceiro ano antes do bacharelato. O seu papel consiste em ajudar os estudantes, de acordo com as suas aptidões e inclinações, a fazer uma ou outra das duas opções: enveredar por um curso universitário ou por uma formação profissional...".

"... - Terceiro: uma revisão aprofundada das especialidades de formação profissional, para que estas respondam às necessidades das empresas e do sector público e acompanhem as mudanças em curso nos sectores industrial e profissional. Desta forma, os diplomados terão mais hipóteses de se integrarem profissionalmente..."

"... - Quarto: Criar mecanismos concretos para melhorar a qualidade dos incentivos à criação de pequenas e médias empresas pelos jovens nos seus domínios de especialização e apoiar iniciativas de autoemprego e a criação de empresas sociais...".

"... - Quinto: introduzir novos mecanismos de integração de uma parte do sector informal no sector formal, proporcionando ao potencial humano do sector informal formação adequada, incentivos e cobertura social, e apoiando os seus projectos de autoemprego ou de criação de empresas...".

"... - Sexto: criar em cada estabelecimento de ensino um programa obrigatório,

repartido por um período de três a seis meses, destinado a familiarizar os estudantes e formandos com as línguas estrangeiras; favorecer uma maior integração linguística a todos os níveis de estudo, nomeadamente no ensino das disciplinas científicas e técnicas...

[ème] **(Extrato do discurso de Sua Majestade o Rei por ocasião do 65.º aniversário d a Revolução do Rei e do Povo, 20 de agosto de 2018).**

VISÃO

A Escola Superior de Educação e Formação (ESEF) de Agadir, integrada na Universidade Ibnou Zohr, tem como missão preparar uma nova geração de professores e gestores educativos para responder às exigências da educação moderna em Marrocos. Em conformidade com o **Pacto Nacional para o Ensino Superior, a Investigação e a Inovação 2030 (ESRI 2030)**, a ESEF de Agadir está empenhada em responder às necessidades de um sistema educativo marroquino em plena transformação, colocando a inovação e a investigação no centro das suas prioridades.

O Pacto ESRI 2030 é um roteiro estratégico para reforçar a qualidade, a eficácia e o impacto do ensino superior e da investigação em Marrocos, assegurando melhores ligações entre a educação, a economia e a sociedade. A ESEF está totalmente alinhada com esta visão, orientando as suas acções em torno dos principais objectivos do pacto, incluindo a adaptação às novas tecnologias, a ênfase nas competências do século XXI e o desenvolvimento de uma abordagem sustentável e inclusiva da educação.

1. Excelência educativa e desenvolvimento de competências do século XXI

A ESEF de Agadir pretende formar professores capazes de responder às novas exigências do sistema educativo, integrando as competências do século XXI, como o pensamento crítico, a colaboração, a criatividade e a comunicação. Os principais objectivos são:

- **Revisão contínua dos programas**: A escola actualiza regularmente os seus programas para incorporar os mais recentes desenvolvimentos pedagógicos, inovações tecnológicas e competências globais que permitam aos professores adaptarem-se a novos ambientes de aprendizagem.

*   **Formação em pedagogia ativa**: a ESEF favorece abordagens de ensino centradas no aluno, como a aprendizagem baseada em projectos, a resolução de problemas e as práticas de colaboração, que preparam melhor os futuros professores para a sala de aula moderna.

*   **Desenvolver competências digitais**: Os professores formados na ESEF adquirem um sólido domínio das tecnologias da informação e da comunicação (TIC), com destaque para a utilização de ferramentas digitais para o planeamento de aulas, a gestão de turmas e a personalização do ensino.

2. Inovação e transição digital

Em consonância com um dos principais eixos do Pacto ESRI 2030, que coloca a tónica na digitalização da educação, a ESEF de Agadir desempenha um papel central na transição digital das práticas de ensino. Isto reflecte-se em :

*   **Promoção do ensino híbrido**: O ESEFA incorpora modelos de ensino híbridos (que combinam o ensino presencial e o ensino em linha), permitindo aos professores gerir aulas virtuais e físicas de forma integrada. Esta abordagem garante a continuidade da aprendizagem numa variedade de contextos, tais como situações de saúde excepcionais ou isolamento geográfico.

*   **Utilização de plataformas de aprendizagem**: A escola utiliza ambientes digitais de aprendizagem (LMS) e plataformas de colaboração para incentivar o ensino à distância, proporcionando simultaneamente um apoio personalizado e interativo aos alunos.

*   **Laboratórios de inovação**: a ESEFA dispõe de laboratórios tecnológicos onde os futuros professores podem experimentar ferramentas digitais, simulações educativas e software interativo para otimizar as suas competências pedagógicas.

3. Inclusão e equidade na educação

Como parte da sua visão, a ESEFA esforça-se por formar professores conscientes da importância da inclusão no ambiente educativo. Em conformidade com os compromissos do Pacto ESRI 2030, a escola promove :

- **Educação para todos**: O ESEFA tem como objetivo garantir que os professores que forma são capazes de promover uma educação de qualidade para todos os alunos, em particular os provenientes de meios desfavorecidos ou as crianças com necessidades especiais. Os módulos de formação especializada são dedicados à educação inclusiva e à gestão da diversidade na sala de aula.
- **Sensibilização para a igualdade de género e a diversidade cultural**: A formação de professores salienta a importância da igualdade de oportunidades entre os sexos e o respeito pelas diferenças culturais. O objetivo é incentivar uma abordagem pedagógica que valorize e celebre a diversidade em todas as suas formas.

4. Formação contínua e desenvolvimento profissional

Um dos pilares do Pacto ESRI 2030 é a melhoria contínua das competências do pessoal educativo. Em resposta a este objetivo, a ESEF oferece uma gama de cursos de formação profissional e de desenvolvimento contínuo para professores em exercício, centrados em :

- **Melhoria das práticas pedagógicas**: Estão a ser criados cursos de formação específicos para permitir que os professores actualizem os seus métodos de ensino, nomeadamente à luz da evolução dos métodos e das tecnologias de ensino.
- **Desenvolver competências de liderança educativa**: Módulos específicos visam formar gestores educativos capazes de liderar escolas e orientar reformas nas suas comunidades educativas.

- **Controlo e avaliação**: A escola incentiva uma cultura de autoavaliação contínua, em que os professores são formados para avaliar as suas próprias práticas e ajustar os seus métodos de acordo com os resultados e as necessidades dos seus alunos.

5. Investigação e inovação em ciências da educação

A ESEF de Agadir pretende tornar-se um centro de inovação em investigação educacional, em consonância com o objetivo do Pacto ESRI 2030 de reforçar a investigação universitária. As suas acções neste domínio incluem

- **Investigação-ação pedagógica**: os professores-investigadores são incentivados a realizar investigação aplicada que forneça soluções práticas para os desafios enfrentados pelo sector educativo marroquino, tais como a redução das taxas de abandono escolar e a melhoria do desempenho dos alunos.
- **Colaboração com instituições internacionais**: No âmbito de uma abordagem de parceria internacional, a ESEF procura colaborar com instituições e universidades de renome mundial para trocar boas práticas e inovações pedagógicas.

6. Desenvolvimento sustentável e responsabilidade social

Em consonância com os Objectivos de Desenvolvimento Sustentável (ODS) promovidos pelo Pacto ESRI 2030, a ESEF integra princípios de sustentabilidade nos seus programas e práticas educativas. A escola compromete-se a:

- **Formação de professores sensibilizados para as questões ambientais**: os futuros professores são sensibilizados para a importância de integrar as questões ambientais e de sustentabilidade no seu ensino, a fim de preparar gerações de alunos conscientes e responsáveis.

- **Promoção de uma abordagem sustentável dos recursos**: a ESEF incentiva a gestão sustentável dos recursos educativos, adoptando práticas que minimizem a pegada ecológica das escolas, nomeadamente através da digitalização e da redução do uso de papel.

7. Parcerias e cooperação internacional

Para reforçar o impacto das suas acções, a ESEF Agadir participa ativamente em parcerias nacionais e internacionais que contribuem para :

- **Intercâmbio de experiências e de melhores práticas**: Através de colaborações com universidades e organizações internacionais, a escola pode tirar partido das melhores práticas mundiais e adaptá-las ao contexto marroquino.

- **Facilitar a mobilidade internacional de estudantes e professores**: Os programas de mobilidade, em colaboração com instituições parceiras, permitem que professores e estudantes beneficiem de uma experiência internacional e enriqueçam as suas carreiras educativas através da exposição a métodos e sistemas educativos estrangeiros.

A visão da ESEF de Agadir, alinhada com os objectivos do **Pacto ESRI 2030**, baseia-se na excelência, na inovação e na responsabilidade social. Aspira a formar uma nova geração de professores e líderes educativos capazes de acompanhar as reformas educativas, respondendo simultaneamente aos desafios da transição digital e da educação para todos. Esta visão ambiciosa inscreve-se numa dinâmica de transformação contínua do sistema educativo marroquino, em consonância com os desafios globais do século XXI.

Situação atual do ESEFA

1. Ensino

Vantagens :

- **Formação contínua de professores** : O ESEFA organiza programas de formação para melhorar as competências pedagógicas dos professores nos domínios das ciências e da matemática. Isto permite introduzir métodos de ensino mais modernos e eficazes.

- **Aprendizagem interactiva e personalizada**: A utilização de ferramentas digitais permite que os alunos progridam ao seu próprio ritmo, tornando a educação mais acessível e adaptada a cada perfil de aluno. As simulações, os vídeos e os meios de comunicação interactivos ajudam a clarificar conceitos complexos, tornando a aprendizagem mais dinâmica.

Desvantagens :

- **Resistência à mudança pedagógica**: Alguns professores, sobretudo os que estão habituados a métodos tradicionais, têm dificuldade em adotar novas tecnologias e abordagens pedagógicas.

- **Falta de formação aprofundada**: Embora seja oferecida formação, algumas regiões sofrem de falta de apoio adequado para garantir que os professores estejam suficientemente preparados para integrar efetivamente as ferramentas digitais no seu ensino.

- **Disparidades no acesso**: As escolas urbanas estão frequentemente mais bem equipadas do que as escolas rurais, o que agrava as desigualdades educativas entre as diferentes zonas.

2. Cientistas

Vantagens :

- **Incentivar** a investigação local: O programa incentiva a investigação científica local, encorajando os estudantes a resolver problemas reais encontrados no seu ambiente, reforçando assim as capacidades de resolução de problemas e de inovação.
- **Acesso a recursos globais**: Os alunos e professores podem aceder a uma base de dados internacional e a recursos científicos, actualizando os conhecimentos e alargando as perspectivas educativas.

Desvantagens :

- **Falta de instalações físicas**: Embora as ferramentas digitais sejam muito úteis para a aprendizagem teórica, muitas instituições não dispõem de instalações adequadas para a prática científica, como laboratórios.
- **Simulações inadequadas**: As simulações virtuais nem sempre substituem as experiências laboratoriais, em particular nas ciências experimentais, onde o trabalho manual e a interação direta com os materiais físicos são cruciais.

3. Infra-estruturas

Vantagens :

- **Digitalização dos recursos educativos**: o ESEFA promove a digitalização dos materiais didácticos, permitindo uma distribuição mais alargada a custos reduzidos. Isto ajuda os professores e os alunos a terem acesso a conteúdos diversificados e actualizados sem as restrições materiais associadas aos manuais físicos.

- **Melhoria das infra-estruturas digitais**: O programa incentiva o investimento em infra-estruturas escolares digitais (computadores, ligação à Internet), em especial nas zonas menos desenvolvidas.

Desvantagens :

- **Acesso limitado à infraestrutura digital**: As zonas rurais e isoladas sofrem frequentemente de falta de uma ligação fiável à Internet, o que limita consideravelmente o impacto do programa nessas regiões. Esta situação cria uma fratura digital entre as zonas urbanas e rurais.
- **Manutenção dispendiosa**: O custo de aquisição e manutenção das ferramentas digitais (computadores, tablets, software, ligação à Internet) é muitas vezes proibitivo para as escolas dos países em desenvolvimento. O fornecimento de eletricidade é também um problema em algumas regiões, tornando as ferramentas tecnológicas inutilizáveis.
- **Dependência da tecnologia**: Na ausência de eletricidade ou de Internet, a educação pode ser interrompida. Este facto evidencia uma dependência excessiva das infra-estruturas tecnológicas, que nem sempre são estáveis em algumas regiões.

Conclusão

O ESEFA é um programa com ambições louváveis que está a dar um contributo importante para a modernização do ensino das ciências e para a melhoria da investigação científica em África. No entanto, o êxito deste programa depende em grande medida da capacidade de reduzir as disparidades em matéria de infra-estruturas digitais, reforçar a formação de professores e ultrapassar as limitações tecnológicas nas regiões desfavorecidas.

ESTRATÉGIA E ABORDAGEM

Estratégia da Escola Superior de Educação e Formação (ESEF) de Agadir

A estratégia do ESEF de Agadir foi concebida para responder aos desafios do sistema educativo marroquino e para formar professores capazes de implementar as reformas necessárias. Centra-se em vários domínios-chave:

1. Melhoria contínua da qualidade da formação

A ESEF centra-se na qualidade da sua formação para garantir que os seus diplomados estão bem preparados para o mercado de trabalho. As medidas específicas incluem:

- **Avaliação externa dos programas**: São regularmente convidados peritos externos para avaliar os programas de formação da ESEF, a fim de garantir a sua conformidade com as normas internacionais e as expectativas do mercado da educação.
- **Criação de conselhos consultivos**: É criado um conselho composto por profissionais da educação, antigos alunos e empregadores para aconselhar sobre o desenvolvimento de programas e práticas de ensino.
- **Formação de professores**: A ESEF investe na formação contínua dos seus professores, oferecendo-lhes oportunidades de desenvolvimento profissional para os manter a par das últimas tendências e inovações pedagógicas no domínio da educação.

2. Desenvolvimento de competências digitais

A digitalização da educação é uma prioridade para a ESEF. Para o efeito, foram postas em prática várias iniciativas:

- **Criação de recursos educativos digitais**: Os professores são incentivados a criar e partilhar recursos educativos digitais adaptados a diferentes níveis de aprendizagem. Isto inclui vídeos educativos, infografias e jogos educativos interactivos.

- **Formação em ferramentas digitais**: São organizados workshops práticos para formar os professores na utilização de várias ferramentas digitais, tais como plataformas de gestão da aprendizagem (LMS), ferramentas de colaboração em linha e aplicações educativas.

- **Incentivar a inovação**: Os professores são incentivados a utilizar métodos de ensino inovadores que incorporem novas tecnologias, tais como aulas invertidas, simulações virtuais e aprendizagem móvel.

3. Reforçar a capacidade de investigação no domínio da educação

A ESEF esforça-se por se tornar um centro de investigação no domínio da educação, com destaque para:

- **Projectos de investigação em colaboração**: A escola incentiva os professores e os alunos a colaborarem em projectos de investigação que analisem questões específicas do sistema educativo marroquino, como a eficácia de novos métodos de ensino ou o impacto dos recursos digitais na aprendizagem.

- **Publicações e divulgação de resultados**: Os resultados da investigação realizada na ESEF são publicados em revistas académicas e são organizadas conferências para partilhar as melhores práticas e os resultados da investigação com a comunidade educativa.

- **Incentivar a investigação-ação**: Os professores são formados para realizar investigação-ação nas suas salas de aula, o que lhes permite aplicar as suas conclusões diretamente à sua prática pedagógica.

4. Promover uma educação inclusiva e equitativa

A ESEF está empenhada em promover uma educação equitativa e inclusiva. As iniciativas incluem:

- **Formação em gestão da diversidade**: São integrados módulos específicos no currículo de formação de professores para os preparar para gerir turmas heterogéneas, tendo em conta as diferenças culturais e socioeconómicas e as necessidades específicas dos alunos.

- **Apoio a alunos com dificuldades**: a ESEF desenvolve programas de apoio específicos para ajudar os futuros professores a trabalhar com alunos com necessidades educativas especiais, em particular os que têm deficiências ou que estão a ter insucesso escolar.

- **Criar um ambiente de aprendizagem inclusivo**: A escola adopta práticas e políticas para garantir que todos os alunos, independentemente da sua origem ou capacidade, tenham acesso a uma educação de qualidade.

5. Internacionalização e parcerias

A ESEF valoriza as parcerias nacionais e internacionais para enriquecer os seus programas. As iniciativas incluem:

- **Acordos de cooperação com outras instituições** : A ESEF estabelece acordos com universidades e organizações educativas estrangeiras para o intercâmbio de experiências, recursos didácticos e práticas pedagógicas.

- **Programas de intercâmbio e mobilidade**: o ESEF facilita a mobilidade de estudantes e professores através de programas de intercâmbio, permitindo aos participantes descobrir novas abordagens educativas e enriquecer a sua experiência profissional.

- **Participação em redes internacionais de educação**: A ESEF participa em redes de educação para colaborar em projectos, partilhar recursos e participar em conferências internacionais sobre educação.

Abordagem adoptada pela Escola Superior de Educação e Formação (ESEF) de Agadir

A abordagem pedagógica da ESEF centra-se na aprendizagem ativa, na inclusão e no desenvolvimento pessoal e profissional dos futuros professores. Os principais aspectos desta abordagem incluem:

1. Abordagem baseada em competências

Esta abordagem centra-se no desenvolvimento das competências práticas e analíticas dos futuros professores:

- **Projectos de colaboração**: Os alunos trabalham em equipas em projectos reais que simulam situações de sala de aula, desenvolvendo competências em comunicação, colaboração e gestão de projectos.
- **Avaliações baseadas no desempenho**: Em vez dos exames tradicionais, o ESEF utiliza avaliações baseadas no desempenho, em que os alunos demonstram as suas competências através de apresentações, workshops e avaliações pelos pares.
- **Reflexão crítica e autoavaliação**: os futuros professores são encorajados a refletir sobre as suas práticas e a auto-avaliar-se, o que os ajuda a identificar os seus pontos fortes e fracos e a elaborar planos de desenvolvimento pessoal.

2. Abordagem inclusiva e centrada no aluno

A ESEF centra-se no ensino centrado no aluno, promovendo um ambiente de aprendizagem inclusivo:

- **Ensino diferenciado**: Os professores são formados para adaptarem os seus métodos de ensino de modo a satisfazerem os diversos estilos de aprendizagem e as necessidades específicas dos seus alunos, incorporando uma variedade de actividades que envolvem todos os alunos.

- **Utilização de tecnologias de apoio**: o ESEF forma professores para utilizarem tecnologias de apoio para apoiar os alunos com deficiência, permitindo-lhes participar plenamente nas actividades escolares.

- **Envolvimento** na comunidade: Os alunos são incentivados a envolverem-se na sua comunidade através da participação em projectos de serviço, o que lhes permite desenvolver competências sociais, contribuindo simultaneamente para a sociedade.

3. Aprendizagem experimental

A ESEF valoriza a aprendizagem experimental, em que os estudantes estão envolvidos em situações reais de ensino:

- **Estágios em escolas**: os futuros professores passam uma parte significativa da sua formação em escolas, onde põem em prática as competências que aprenderam e são supervisionados por professores experientes.

- **Workshops práticos**: a ESEF organiza workshops onde os estudantes podem experimentar diferentes métodos de ensino e receber feedback construtivo sobre o seu desempenho.

- **Encontros com profissionais da educação**: A escola convida regularmente educadores e especialistas para partilharem as suas experiências e debaterem questões actuais em matéria de educação, enriquecendo assim a formação dos alunos.

Estas estratégias e abordagens integradas visam dotar os futuros professores das competências e conhecimentos necessários para prosperar num ambiente educativo em constante mutação, satisfazendo simultaneamente os requisitos do Pacto ESRI 2030 e as expectativas da sociedade marroquina.

Área estratégica I :

Reforçar a oferta de formação e Inovação Educacional,

Para este eixo e no atual projeto de desenvolvimento da Universidade Hassan II de Casablanca, propomos uma série de objectivos pedagógicos prioritários específicos para cada tipo de formação:

- Formação inicial ;
- Formação contínua ;
- Ensino à distância.

FORMAÇÃO INICIAL :

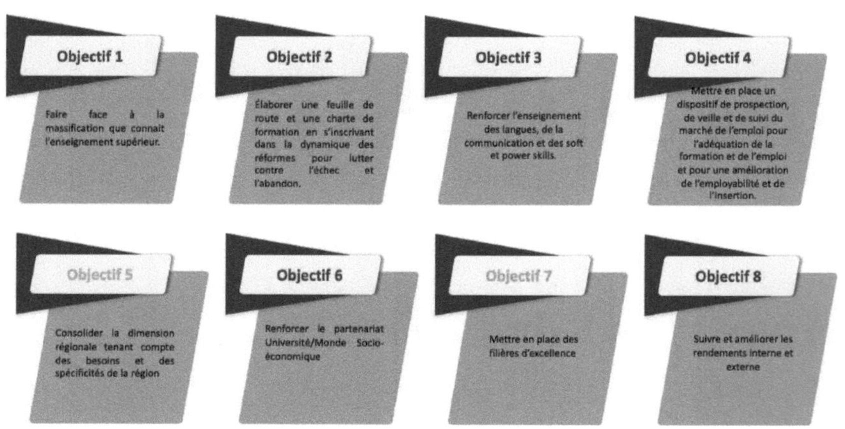

FORMAÇÃO CONTÍNUA :

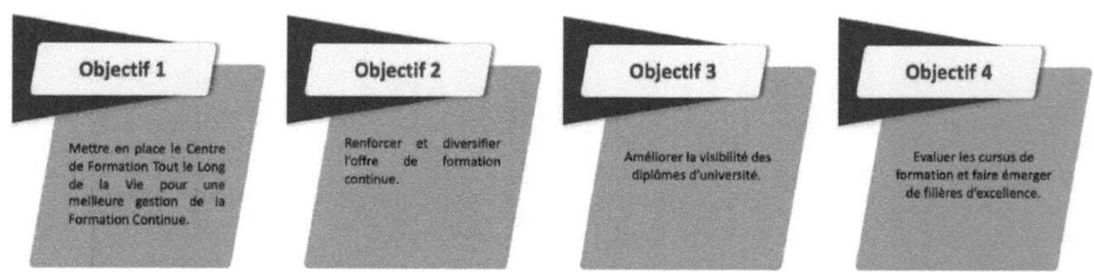

ENSINO À DISTÂNCIA

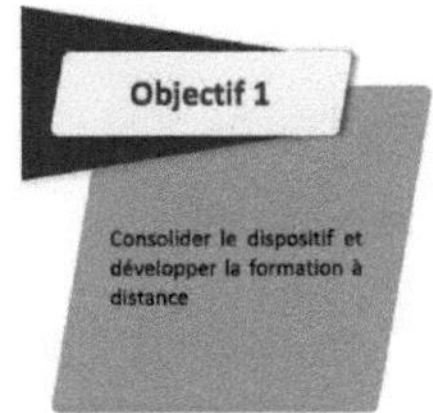

Objetivo principal:

Adaptar e melhorar a oferta de formação, tendo em conta as necessidades actuais e futuras do sector da educação em Marrocos, integrando abordagens pedagógicas inovadoras e inclusivas, respeitando as exigências regionais, nacionais e internacionais.

1. Diversificação e alinhamento dos programas de formação com as necessidades do sector

Objectivos específicos :

• Criar programas que satisfaçam as necessidades crescentes em matéria de educação inclusiva, educação especial e gestão da diversidade na sala de aula.

• Oferecer cursos modulares e especializados em disciplinas-chave (ciências, matemática, línguas) para reforçar a didática dos professores.

• Incorporar opções de formação em serviço com certificação reconhecida para os professores existentes.

Acções concretas:

• **Auditoria das necessidades de formação:** Organizar seminários de consulta com as partes interessadas do sector da educação (ministério, escolas, associações locais) para identificar as necessidades específicas de formação.

• **Criação de novos currículos:** Desenvolver e oferecer cursos especializados com base nas prioridades educativas do país: educação digital, inclusão de crianças com necessidades especiais, formação de professores em zonas rurais.

• **Reforçar os estágios:** Exigir estágios de longa duração em escolas-piloto ou em estabelecimentos de formação parceiros para garantir a imersão prática dos estudantes de ensino.

Indicadores de desempenho :

*   Número de novos programas desenvolvidos.
*   Taxas de inscrição em novos cursos.
*   Estabelecimento de parcerias com escolas e empresas para a realização de estágios.

2. Integração de métodos pedagógicos inovadores

Objectivos específicos :

*   Promover a aprendizagem ativa e a utilização de tecnologias educativas para um ensino mais personalizado e interativo.
*   Formar os professores na utilização de ferramentas digitais (MOOCs, plataformas de aprendizagem eletrónica, software educativo) para apoiar a aprendizagem mista.
*   Incentivar a experimentação e a adaptação de métodos de ensino inovadores, como as aulas invertidas e a aprendizagem baseada em projectos.

Acções concretas:

*   **Criação de módulos de formação em linha:** Desenvolvimento de conteúdos interactivos em colaboração com peritos em tecnologia educativa para integrar cursos em linha em programas existentes.
*   **Criação de laboratórios de ensino:** Criar espaços de experimentação pedagógica para os professores, equipados com tecnologias de realidade aumentada e virtual (RA/RV) para simular ambientes de sala de aula.
*   **Formação contínua de formadores em matéria de inovação educativa:** organizar seminários regulares para os professores, a fim de os familiarizar com os métodos de ensino modernos e as inovações tecnológicas no domínio da educação.

Indicadores de desempenho :

- Número de professores formados em novas tecnologias educativas.
- Utilização de plataformas digitais de aprendizagem pelos alunos.
- Avaliação pelos alunos e professores dos novos métodos de ensino introduzidos.

3. Reforçar a formação contínua dos professores

Objectivos específicos :

- Fornecer formação em serviço aos professores existentes, para que possam atualizar as suas competências de ensino de acordo com os novos métodos educativos e as reformas curriculares.
- Oferecer apoio profissional através de tutoria a jovens professores para melhorar a sua prática de ensino.

Acções concretas:

- **Planear ciclos regulares de formação: Criar** um programa certificado de formação contínua, obrigatório para os professores em exercício, com módulos sobre inovação pedagógica, gestão da sala de aula e inclusão.
- **Criação de programas de tutoria:** Atribuir tutores experientes aos novos professores para os ajudar a ultrapassar os desafios do ensino na sala de aula e a adotar estratégias de ensino eficazes.
- **Avaliação e acompanhamento dos professores formados:** Aplicar instrumentos de avaliação e feedback para medir o impacto da formação em serviço nas práticas de ensino.

Indicadores de desempenho :

- Taxa de participação dos professores na formação em serviço.

- Aumento das avaliações positivas dos professores após a formação.
- Número de professores envolvidos em programas de tutoria.

4. Melhorar as infra-estruturas e os recursos didácticos

Objectivos específicos :

- Modernizar as infra-estruturas de formação para apoiar o ensino interativo e a aprendizagem digital.
- Criar um maior acesso aos recursos educativos digitais e às bibliotecas em linha para facilitar a investigação e o ensino.

Acções concretas:

- **Equipamento das salas de aula:** Instalar quadros interactivos, projectores de vídeo e recursos digitais em todas as salas de aula para facilitar o ensino multimédia.
- **Criação de uma biblioteca digital:** Criação de um portal digital com acesso a recursos didácticos (artigos de investigação, livros electrónicos, revistas especializadas) para estudantes e professores.
- **Melhorar as ligações à Internet:** Assegurar que a ESEF dispõe de uma ligação à Internet de alta qualidade para facilitar a utilização de ferramentas em linha por alunos e professores.

Indicadores de desempenho :

- Número de salas de aula equipadas com tecnologia moderna.
- Frequência de utilização da biblioteca digital por alunos e professores.
- Aumento da utilização de plataformas de aprendizagem eletrónica.

5. Desenvolvimento de parcerias nacionais e internacionais

Objectivos específicos :

- Reforçar a colaboração com as universidades, os centros de formação e as empresas para reunir recursos e criar cursos de formação mais adaptados às necessidades do mercado.

- Desenvolver intercâmbios internacionais para expor professores e estudantes a práticas pedagógicas inovadoras.

Acções concretas:

- **Acordos de colaboração com outras universidades:** Assinatura de acordos de parceria com universidades e centros de formação marroquinos e internacionais para facilitar o intercâmbio de professores e estudantes.

- **Participação em projectos de investigação em colaboração:** Incentivar os professores a participar em projectos de investigação-ação em parceria com outras instituições, a fim de explorar novos métodos de ensino e melhorar o ensino.

- **Organização de conferências internacionais:** Convidar peritos internacionais para conferências sobre inovações educativas, para que professores e alunos possam beneficiar das suas experiências e práticas.

Indicadores de desempenho :

- Número de parcerias estabelecidas com instituições nacionais e internacionais.

- Taxa de participação em projectos de investigação em colaboração.

- Número de conferências organizadas e de peritos convidados.

Este eixo estratégico tem como objetivo transformar a ESEF Agadir numa instituição de referência para a inovação pedagógica e a formação de professores, integrando as necessidades locais, nacionais e globais na sua oferta de formação. Ao reforçar as suas infra-estruturas, diversificar os seus programas e apoiar a inovação contínua, a ESEF poderá formar professores capazes de responder aos desafios educativos do futuro, tendo em conta as caraterísticas socioculturais da região de Souss-Massa.

Área estratégica II :

Investigação científica inovadora: Visibilidade e competitividade da universidade

O plano de ação que propomos para o desenvolvimento da investigação científica na UH2C baseia-se nos seis objectivos seguintes:

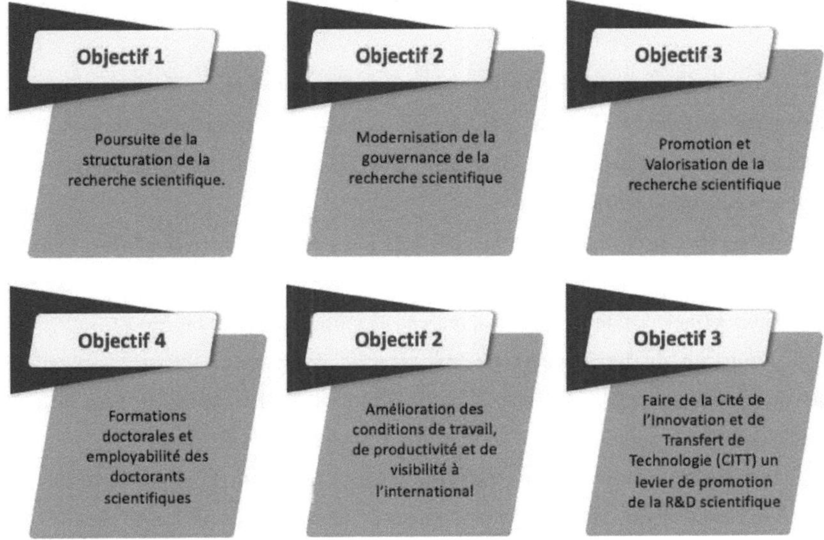

Objetivo principal:

Fazer da ESEF um centro de excelência de investigação científica no domínio da educação, reconhecido pela sua inovação, pela sua contribuição para os avanços pedagógicos e pela sua colaboração com parceiros nacionais e internacionais.

1. Desenvolver e reforçar as capacidades de investigação científica

Objectivos específicos :

- Criar um ecossistema de investigação no âmbito da ESEF para promover uma cultura de inovação e de publicação científica de alto nível.

*   Desenvolver centros de investigação especializados em domínios estratégicos da educação (ensino digital, inclusão escolar, ensino das ciências, etc.).

Acções concretas:

*   **Criação de um centro de investigação educacional:** Criação de um centro de investigação dedicado a questões educacionais actuais, com equipas multidisciplinares a trabalhar em temas como as novas abordagens pedagógicas, a utilização da tecnologia na sala de aula e a educação inclusiva.

*   **Programa de formação em investigação para docentes-investigadores:** Organizar formação metodológica para melhorar as competências de investigação dos docentes-investigadores (métodos de investigação, redação científica, gestão de projectos).

*   **Aquisição de ferramentas de investigação:** Investir em software especializado (como o NVivo para análise qualitativa ou o SPSS para análise estatística) para facilitar o trabalho dos investigadores.

*   **Criação de comités de investigação:** Criação de grupos de investigação em áreas prioritárias, como a aprendizagem com recurso às tecnologias, a educação inclusiva e a inovação pedagógica.

Indicadores de desempenho :

*   Número de projectos de investigação lançados e financiados.
*   Número de professores-investigadores que receberam formação metodológica.
*   Publicações em revistas científicas indexadas, medidas numa base anual.

2. Criação de redes de colaboração nacionais e internacionais

Objectivos específicos :

*   Posicionar a ESEF como um ator-chave na investigação educacional através da criação de parcerias sólidas com instituições académicas e de investigação em Marrocos e no estrangeiro.

*   Facilitar o intercâmbio de conhecimentos e de competências através da colaboração interdisciplinar e internacional.

Acções concretas:

- **Parcerias com universidades e institutos de investigação internacionais:** assinar acordos de colaboração com universidades reconhecidas (por exemplo, Universidade de Sorbonne, Universidade de Oxford, etc.) para projectos conjuntos, intercâmbios de investigadores e publicações conjuntas.
- **Participação em consórcios de investigação:** Aderir a consórcios de investigação regionais e internacionais, como o Horizon Europe ou o ERASMUS+, para aceder ao financiamento da investigação e reforçar a colaboração internacional.
- **Organização de conferências científicas:** Lançar uma conferência científica anual na ESEF para reunir peritos internacionais e investigadores no domínio da educação para debater as últimas tendências e inovações em matéria de educação.
- **Programas de intercâmbio de investigadores:** Criar programas de intercâmbio que permitam aos professores-investigadores colaborar com equipas de investigação no estrangeiro, acolhendo simultaneamente investigadores internacionais na ESEF.

Indicadores de desempenho :

- Número de colaborações com instituições internacionais.
- Número de projectos de investigação co-financiados por instituições estrangeiras ou internacionais.
- Número de intercâmbios de investigadores (entradas e saídas).

3. Promoção e reforço da investigação científica

Objectivos específicos :

- Aumentar a visibilidade do trabalho de investigação da ESEF através de actividades de promoção e divulgação científica.
- Assegurar a transferência dos resultados da investigação para o sector da educação, a fim de ter um impacto direto nas práticas de ensino.

Acções concretas:

• **Criação de uma revista científica específica para a ESEF:** Lançar uma revista científica indexada, publicada duas vezes por ano, para promover a investigação de professores e estudantes sobre temas educativos inovadores.

• **Disseminação da investigação através de uma plataforma em linha:** Criação de uma plataforma digital onde os resultados da investigação possam ser publicados e partilhados com o público em geral, as instituições académicas e os decisores políticos.

• **Participação ativa em conferências nacionais e internacionais:** Incentivar os professores-investigadores a apresentarem os seus trabalhos em conferências internacionais, a fim de aumentar a sua visibilidade e incentivar os intercâmbios académicos.

• **Elaboração de relatórios de impacto:** Publicar relatórios anuais sobre o impacto da investigação ESEF nas políticas educativas nacionais e nas práticas pedagógicas locais.

Indicadores de desempenho :

• Número de artigos publicados em revistas internacionais indexadas.

• Número de descarregamentos e citações de artigos na plataforma em linha.

• Participação em conferências internacionais e taxas de citação dos investigadores da ESEF.

4. Incentivar a investigação aplicada e a transferência de tecnologia

Objectivos específicos :

• Incentivar a investigação aplicada para fornecer soluções práticas para questões educativas regionais e nacionais.

• Desenvolver soluções tecnológicas inovadoras que melhorem as práticas educativas, tais como ferramentas digitais e plataformas educativas.

Acções concretas:

*   **Criar laboratórios de experimentação pedagógica:** criar laboratórios de inovação pedagógica onde os professores possam testar e desenvolver novas abordagens pedagógicas, em articulação com as novas tecnologias.
*   **Lançamento de projectos de investigação-ação:** Mobilizar investigadores e professores para a realização de projectos de investigação-ação sobre questões locais, como a gestão da diversidade na sala de aula ou a integração de crianças com deficiência.
*   **Colaborações com empresas EdTech:** Estabelecer parcerias com empresas de tecnologia locais e internacionais para co-desenvolver ferramentas de ensino inovadoras com base nos resultados da investigação.
*   **Incubadora de projectos educativos inovadores:** Criar uma incubadora para apoiar iniciativas empresariais de investigadores e estudantes que pretendam desenvolver soluções tecnológicas para a educação.

Indicadores de desempenho :

*   Número de projectos de investigação aplicada desenvolvidos e testados nas escolas.
*   Número de ferramentas didácticas inovadoras desenvolvidas em conjunto com empresas de tecnologia.
*   Número de projectos incubados que resultam em soluções educativas concretas.

5. Apoio e supervisão de jovens investigadores

Objectivos específicos :

*   Formar uma nova geração de investigadores no domínio da educação, apoiando-os no seu desenvolvimento académico e profissional.
*   Proporcionar recursos, orientação e oportunidades de publicação a estudantes de doutoramento e jovens investigadores.

Acções concretas:

- **Criação de bolsas de investigação:** Atribuir bolsas específicas a estudantes de doutoramento e a jovens investigadores para os apoiar financeiramente no seu trabalho de investigação.
- **Organização de seminários e workshops metodológicos:** oferecer formação prática em metodologia de investigação, redação científica e ferramentas de análise de dados para reforçar as competências dos jovens investigadores.
- **Supervisão personalizada do doutoramento:** Criar equipas de gestão de teses para apoiar os estudantes de doutoramento na produção de trabalhos de elevada qualidade, incentivando simultaneamente a colaboração entre jovens investigadores e professores experientes.
- **Apoio à publicação:** Incentivar e ajudar os jovens investigadores a publicar os seus trabalhos em revistas científicas reconhecidas, em especial através de co-publicações com investigadores seniores.

Indicadores de desempenho :

- Número de estudantes de doutoramento financiados por bolsas de investigação.
- Número de publicações científicas em coautoria com jovens investigadores.
- Taxa de sucesso dos estudantes de doutoramento supervisionados.

Esta **Área Estratégica II** detalhada tem como objetivo transformar a ESEF num líder da investigação científica em educação. Graças a uma política de reforço das capacidades de investigação, de colaboração internacional e de promoção do trabalho científico, a ESEF poderá afirmar-se como um ator-chave na inovação educativa.

Área estratégica III :

Governação universitária :
Responsabilidade e Mobilização para
apoiar o desenvolvimento
da Universidade

O desempenho global de uma universidade é necessariamente multidimensional, uma vez que envolve o desenvolvimento dos seus recursos humanos, a qualidade da sua governação, a pertinência do seu financiamento e a sua gama de cursos, bem como a eficácia dos seus modelos de ensino.

Com o objetivo de melhorar a eficácia da gestão das universidades e reforçar a transparência e a responsabilidade, o organigrama das universidades e dos estabelecimentos universitários foi adotado pela decisão conjunta de 9 de março de 2020 entre o Ministério responsável e o Ministério da Economia, das Finanças e da Reforma Administrativa. Na sequência desta decisão, a UH2C passou a dispor de um organigrama da presidência da universidade e de organigramas dos estabelecimentos universitários.

No projeto de desenvolvimento da UH2C para o período 2022-2026, a governação da UH2C é um eixo fundamental de orientação num quadro de autonomia, de responsabilidade e de prestação de contas, em conformidade com o Código marroquino de boas práticas de governação e com base na lei-quadro 51-17 que apoia a visão estratégica do sector do ensino superior.

Esta prioridade baseia-se em seis objectivos específicos:

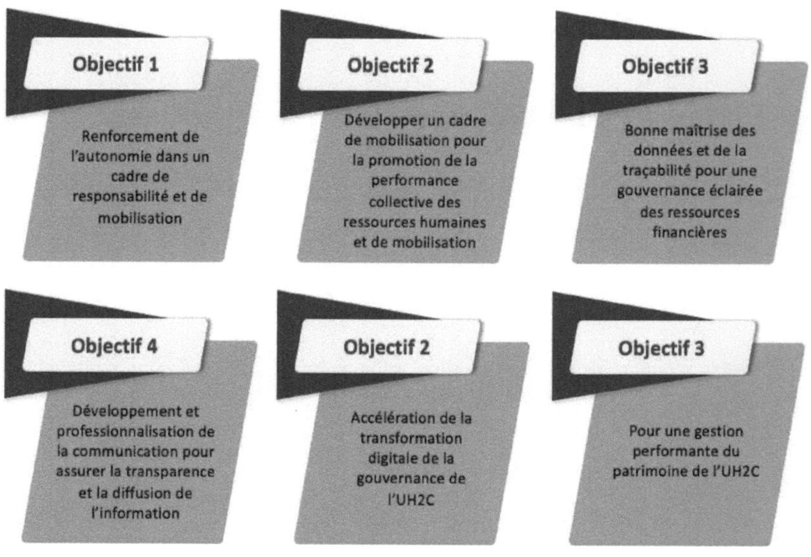

1. Modernizar os processos de governação e de gestão

A governação moderna baseia-se em estruturas flexíveis e eficientes, que garantem que a instituição é capaz de responder às mudanças no sector da educação. Uma gestão transparente e participativa favorece a tomada de decisões rápidas e inclusivas, assegurando simultaneamente a conformidade com as normas internacionais.

Objectivos específicos :

- Criar uma estrutura de governação que seja flexível, transparente e adaptada aos novos desafios que se colocam ao ensino superior.
- Melhorar a eficiência administrativa através da digitalização e automatização dos processos internos.

Acções pormenorizadas:

- **Reestruturação dos órgãos de governação:** Rever a composição e as funções dos órgãos de decisão (conselhos de docentes, comités académicos, etc.) para melhorar a sua eficácia. Cada órgão deve incluir representantes do corpo docente, do pessoal, dos estudantes e dos parceiros externos para garantir uma governação inclusiva.
- **Implementação de um Sistema de Informação de Gestão Universitária (SIGU):** Integração de um SIGU para automatizar processos administrativos como a gestão de inscrições, notas, resultados de investigação e gestão de recursos humanos, a fim de melhorar a produtividade e reduzir os atrasos administrativos.
- **Transparência na tomada de decisões:** Desenvolver um portal em linha acessível a professores e alunos para acompanhar decisões importantes, planos estratégicos e o desempenho da instituição. Isto promoverá uma cultura de transparência na gestão de recursos e projectos.

Indicadores de desempenho :

- Redução dos prazos de tratamento dos pedidos administrativos.
- Taxa de adoção de ferramentas digitais pelo pessoal administrativo e académico.

•	Número de decisões adoptadas em consulta com todas as partes interessadas.

2. Reforço da responsabilidade social das empresas (RSE)

A ESEF deve assumir um papel de liderança em matéria de responsabilidade social e ambiental. Ao integrar os princípios do desenvolvimento sustentável nas suas operações, a instituição pode posicionar-se como um ator-chave na sustentabilidade educativa e social.

Objectivos específicos :

- Integrar práticas sustentáveis na gestão quotidiana da instituição.
- Promover a responsabilidade social no seio da ESEF e com os seus parceiros.

Acções pormenorizadas:

- **Plano Verde da Universidade:** Desenvolver um plano para reduzir a pegada ecológica da ESEF (gestão de resíduos, consumo de energia, espaços verdes no campus, etc.), incluindo o estabelecimento de objectivos de sustentabilidade a longo prazo.
- **Sensibilização para as questões sociais e ambientais:** lançar campanhas de sensibilização sobre a gestão dos recursos, as práticas sustentáveis e a participação cívica para envolver ativamente os estudantes, os professores e o pessoal.
- **Desenvolvimento de projectos comunitários:** Incentivar os estudantes a participarem em projectos comunitários destinados a melhorar as condições sociais locais (alfabetização, acesso à educação para crianças desfavorecidas, etc.).

Indicadores de desempenho :

- Redução do consumo de energia e dos resíduos produzidos pela ESEF.
- Número de projectos comunitários e iniciativas sociais lançados pelos estudantes.
- Envolvimento dos estudantes e do pessoal em actividades de sensibilização para a RSE.

3. Mobilizar as partes interessadas para o desenvolvimento em colaboração

O envolvimento das partes interessadas internas e externas é essencial para o desenvolvimento e a implementação da visão estratégica da ESEF. Isto inclui não só o pessoal académico e administrativo, mas também os estudantes, os parceiros externos (empresas, autoridades locais, ONG) e os antigos alunos.

Objectivos específicos :

- Envolver todas as partes interessadas da ESEF num processo colaborativo de desenvolvimento institucional.
- Reforçar as parcerias estratégicas para alinhar os programas ESEF com as necessidades do mercado e das partes interessadas locais.

Acções pormenorizadas:

- **Criação de um comité consultivo externo:** formar um comité de parceiros do mundo profissional, da educação e do sector público para orientar a direção estratégica da ESEF, assegurando simultaneamente a pertinência dos programas de formação.
- **Envolvimento dos antigos alunos:** Desenvolver uma plataforma de interação com os antigos alunos para que estes possam desempenhar um papel no apoio aos recém-licenciados (orientação, tutoria, estágios e ofertas de emprego).
- **Fóruns participativos de inovação:** Organizar workshops regulares e fóruns de intercâmbio com as partes interessadas para avaliar as necessidades educativas e identificar oportunidades de inovação pedagógica.

Indicadores de desempenho :

- Número de parcerias formadas com empresas e instituições locais.
- Participação de antigos alunos em eventos ESEF.
- Número de projectos co-desenvolvidos com partes interessadas externas.

4. Formação e reforço das capacidades em matéria de liderança e gestão

A formação contínua do pessoal administrativo e académico é um elemento crucial para garantir a gestão eficaz da instituição. Ao desenvolver uma cultura de liderança e de gestão proactiva, a ESEF estará mais apta a adaptar-se à evolução das exigências do sector educativo.

Objectivos específicos :

- Formar os gestores da ESEF em práticas de gestão estratégica e de liderança.
- Promover uma cultura de inovação e de gestão participativa para otimizar a governação da instituição.

Acções pormenorizadas:

- **Programas de formação em liderança:** Oferecer formação em gestão de projectos, gestão da mudança e liderança para pessoal académico e administrativo.
- **Mentoria interna e externa:** Incentivar iniciativas de mentoria, em que os gestores mais experientes apoiem os jovens líderes no seu desenvolvimento profissional, com a possibilidade de incluir mentores externos de vários sectores.
- **Inovação na gestão académica:** Criar grupos de trabalho internos para incentivar a inovação na gestão académica e administrativa, adoptando práticas participativas que capacitem as equipas.

Indicadores de desempenho :

- Número de gestores que participaram em acções de formação sobre liderança.
- Satisfação do pessoal e dos professores com as práticas de gestão.
- Número de iniciativas de gestão inovadoras implementadas.

5. Monitorização e avaliação contínua do desempenho

O acompanhamento e a avaliação das acções empreendidas são necessários para ajustar a estratégia de desenvolvimento da ESEF e assegurar a melhoria contínua do desempenho académico, administrativo e institucional.

Objectivos específicos :

- Criar mecanismos de avaliação transparentes para medir os progressos e ajustar as acções em função dos resultados.
- Fomentar uma cultura de melhoria contínua para otimizar o desempenho da instituição.

Acções pormenorizadas:

- **Criação de painéis de controlo:** Desenvolvimento de painéis de controlo que integrem indicadores-chave de desempenho (KPI) para acompanhar em tempo real os resultados dos projectos estratégicos, da investigação, da gestão dos recursos humanos e do desempenho académico.
- **Auditorias internas e externas:** Realização de auditorias regulares para avaliar a qualidade dos processos internos, identificar áreas de melhoria e garantir a conformidade com as normas internacionais.
- **Mecanismos de ajustamento rápido:** Desenvolver mecanismos para reagir rapidamente aos resultados das avaliações e auditorias, adaptando as estratégias em conformidade.

Indicadores de desempenho :

- Taxa de realização dos objectivos estratégicos.
- Número de recomendações de auditoria implementadas.
- Melhoria contínua dos indicadores de desempenho de ano para ano.

Conclusão

A área estratégica III faz parte de um processo global de modernização e de responsabilidade institucional, com o objetivo de tornar a ESEF Agadir uma instituição de excelência na governação universitária. Ao promover a tomada de decisões inclusiva, uma forte responsabilidade social e uma colaboração ativa com as partes interessadas, esta área estratégica permitirá à ESEF posicionar-se como um modelo de governação participativa e sustentável.

Área estratégica IV :

**Reforçar a cooperação, Or-
verture and Partnerships,**

A UH2C é uma universidade aberta ao seu ambiente socioeconómico regional e nacional, o que lhe confere um forte papel no dinamismo da região e do país. Tem também uma visão internacional, conferindo à dimensão internacional um papel fundamental.

A nossa estratégia basear-se-á na consolidação das realizações da universidade em matéria de parcerias e de cooperação. Foi feito um grande esforço para estabelecer relações e realizar acções com diversos parceiros. Actualizaremos e avaliaremos os acordos em vigor, reforçando as relações de cooperação existentes e estabelecendo novos laços a nível regional, nacional e internacional.

O plano de ação divide-se em quatro objectivos específicos:

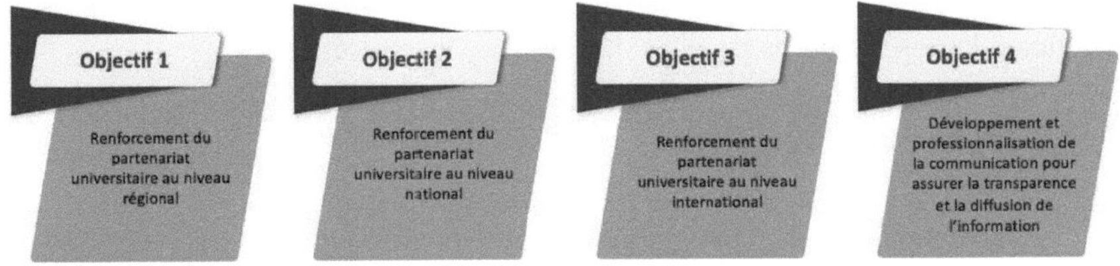

1. Reforçar as parcerias académicas nacionais e internacionais

O desenvolvimento de parcerias académicas é uma prioridade para a ESEF, a fim de promover uma sólida colaboração educativa e científica. Estas parcerias favorecem o intercâmbio de conhecimentos, a inovação nas abordagens pedagógicas e oferecem aos estudantes perspectivas de estudo diversificadas.

Objectivos adicionais:

- Criar uma rede de colaboração científica e pedagógica entre a ESEF e outras universidades de Marrocos, de África e do resto do mundo.
- Adaptar os programas de formação às normas internacionais, beneficiando das melhores práticas das instituições parceiras.

Outras acções pormenorizadas :

- **Participação em programas internacionais de investigação e desenvolvimento (I&D):** A ESEF poderia participar em projectos de investigação conjuntos financiados por organizações internacionais, como a União Europeia (programa Horizonte Europa) ou a UNESCO, para abordar questões educativas globais como a educação inclusiva, a tecnologia na educação e a educação sustentável.
- **Cursos de formação e workshops conjuntos com parceiros:** Desenvolver cursos de formação de curta duração, workshops e seminários conjuntos com universidades parceiras sobre temas emergentes (inteligência artificial na educação, desenvolvimento sustentável, educação digital).
- **Criação de uma plataforma de aprendizagem virtual:** Colaboração com outras instituições para criar uma plataforma de aprendizagem multilingue em linha que facilite os intercâmbios entre estudantes e professores de diferentes instituições parceiras, oferecendo simultaneamente qualificações conjuntas reconhecidas internacionalmente.

Indicadores de desempenho adicionais :

- Número de publicações científicas conjuntas com parceiros internacionais.
- Número de projectos de investigação financiados por organizações internacionais que envolvem a ESEF.
- Taxa de participação de professores em cursos de formação ou workshops com instituições parceiras.

2. Parcerias com os sectores público e privado

A colaboração com o sector privado e as instituições públicas é uma alavanca estratégica para a ESEF, pois permite-nos adaptar melhor os nossos cursos às necessidades do mercado de trabalho e facilitar a integração profissional dos nossos alunos.

Objectivos adicionais:

• Diversificar as fontes de financiamento dos projectos educativos e de investigação da ESEF através de parcerias público-privadas.

• Reforçar a correspondência entre a oferta de formação da ESEF e as necessidades das empresas em sectores emergentes como a tecnologia, a inovação e o desenvolvimento sustentável.

Outras acções pormenorizadas :

• **Criação de cátedras de ensino patrocinadas por empresas:** Criar cátedras de excelência em parceria com empresas locais ou internacionais em domínios estratégicos (por exemplo, inovação educativa, tecnologias educativas). Estas cátedras permitiriam financiar projectos de investigação aplicada, cursos de formação avançada e eventos académicos.

• **Desenvolvimento de centros de excelência em parceria com o sector público:** Trabalhar com as autoridades locais e os departamentos governamentais para criar centros de excelência especializados em educação, inovação social e inclusão. Estes centros poderiam servir de plataformas para o desenvolvimento de projectos comunitários, investigação aplicada e melhoria das políticas públicas no domínio da educação.

• **Criação de um observatório das tendências do mercado de trabalho:** Criar um observatório em colaboração com os agentes económicos locais e regionais para identificar as competências mais procuradas e ajustar os programas de formação em conformidade.

Indicadores de desempenho adicionais :

• Montante de financiamento obtido por empresas e instituições públicas para projectos ESEF.

• Número de cadeiras de ensino criadas em colaboração com empresas.

• Número de estágios e oportunidades de emprego oferecidos aos estudantes através de parcerias com o sector privado.

3. Cooperação com ONG e organizações internacionais

A cooperação com ONG e organizações internacionais é essencial para posicionar a ESEF como um ator-chave no domínio da educação, especialmente no contexto do desenvolvimento e da educação inclusiva.

Objectivos adicionais:

• Reforçar o papel da ESEF nos projectos internacionais de Educação para Todos, com especial incidência nas zonas rurais e nas populações vulneráveis.

• Beneficiar da experiência das ONG para introduzir métodos de ensino inovadores e inclusivos.

Outras acções pormenorizadas :

• **Projectos de educação inclusiva com ONG internacionais:** Colaborar com organizações como a UNICEF e a UNESCO para desenvolver projectos educativos que promovam o acesso à educação de crianças e adultos desfavorecidos, em especial nas zonas rurais de Marrocos. Estes projectos poderão incluir campanhas de sensibilização, formação de professores e a integração de novas tecnologias educativas.

• **Formação de professores em métodos de educação inclusiva:** em parceria com ONG especializadas, proporcionar formação aos professores em matéria de educação inclusiva, com especial destaque para os alunos com deficiência, as crianças de meios desfavorecidos e a educação das raparigas nas zonas rurais.

• **Participação em fóruns e redes internacionais de educação:** Envolver a ESEF em fóruns internacionais para partilhar boas práticas e participar ativamente em debates globais sobre educação inclusiva, desenvolvimento sustentável e inovação pedagógica.

Indicadores de desempenho adicionais :

- Número de projectos educativos realizados com ONG internacionais.
- Número de cursos de formação em educação inclusiva organizados em colaboração com parceiros.
- Impacto mensurável no acesso à educação nas zonas rurais e para as populações vulneráveis.

4. Promover a visibilidade internacional da ESEF

Para reforçar a sua reputação internacional, a ESEF precisa de pôr em prática uma estratégia global de comunicação e visibilidade internacional. Isto inclui a organização de eventos internacionais, a promoção de publicações científicas e a atração de estudantes e professores estrangeiros.

Objectivos adicionais:

• Reforçar a reputação internacional da ESEF como instituição de excelência no domínio do ensino e da formação.

• Desenvolver iniciativas de comunicação específicas para atrair talentos estrangeiros (professores, estudantes, investigadores).

Outras acções pormenorizadas :

• **Lançamento de bolsas de estudo para estudantes internacionais:** Criar programas específicos de bolsas de estudo para atrair estudantes de países africanos, da Europa e de outras regiões, reforçando assim a diversidade cultural na ESEF.

• **Criação de uma revista académica internacional:** lançar uma revista científica publicada pela ESEF centrada nas inovações em matéria de educação e formação, com contribuições de investigadores internacionais. Esta revista poderá contribuir para aumentar a visibilidade académica da ESEF.

• **Participação ativa em redes internacionais de acreditação:** Integrar a ESEF em redes internacionais de acreditação para garantir que os seus programas cumprem as normas globais e para facilitar o reconhecimento internacional dos diplomas concedidos.

Indicadores de desempenho adicionais :

- Número de estudantes internacionais inscritos com bolsas de estudo.

- Número de publicações e artigos em revistas internacionais.

- Número de colaborações académicas internacionais reconhecidas por redes de acreditação.

5. Criar sinergias entre a investigação, a formação e as parcerias

As sinergias entre a investigação, a formação e as parcerias permitem tirar partido dos pontos fortes de cada sector para criar inovações que respondam às necessidades do mercado e da sociedade. Isto contribui igualmente para uma melhor integração dos estudantes no tecido socioeconómico.

Objectivos adicionais:

- Desenvolver programas de formação interdisciplinares ligados a projectos de investigação aplicada.
- Incentivar a participação dos estudantes em projectos de investigação em colaboração com parceiros industriais e institucionais.

Outras acções pormenorizadas :

- **Desenvolver projectos empresariais com os estudantes:** Criar um programa de incubação que permita aos estudantes desenvolver projectos inovadores em conjunto com parceiros privados, beneficiando do apoio de mentores do mundo académico e empresarial.
- **Criação de programas de investigação-ação:** Incentivar os estudantes a participar em programas de investigação-ação com empresas, ONG e instituições públicas para resolver problemas concretos ligados à educação, ao desenvolvimento sustentável ou à inclusão social.

Indicadores de desempenho adicionais :

- Número de projectos empresariais lançados por estudantes em colaboração com empresas.
- Número de programas de investigação-ação que envolvem estudantes e parceiros.

- Taxa de integração dos resultados da investigação nos programas de formação.

Conclusão

Reforçar a cooperação, a abertura e as parcerias é uma oportunidade estratégica para a ESEF Agadir se posicionar como um ator-chave na inovação educacional à escala global. Ao desenvolver relações sólidas com parceiros académicos, industriais, públicos e internacionais, a ESEF pode não só reforçar os seus programas de formação e investigação, mas também melhorar o seu impacto global na sociedade e na economia de Marrocos e da região MENA.

Área estratégica V :

Vida universitária e inclusão,

A universidade é um espaço cívico. Deve desempenhar um papel ativo na vida da região e do local, e os campus devem ser reconhecidos como lugares abertos e vibrantes. Neste projeto, queremos sublinhar a necessidade de reconhecer o papel da universidade no desenvolvimento local, seja do ponto de vista económico, ambiental ou social.

A socialização é um desafio importante para os estudantes e anda de mãos dadas com a luta contra o isolamento. A socialização é um fator transversal do bem-estar. Sobretudo para os estudantes.

No projeto de desenvolvimento da UH2C para o período 2022-2026, a vida universitária e a inclusão são apoiadas pelos projectos da lei-quadro 51-17 (Projeto 10: Desenvolvimento da Vida Universitária e Projeto 11: Desenvolvimento do Desporto Universitário) que apoia a visão estratégica da educação do nosso país.

Este tema baseia-se em quatro objectivos específicos:

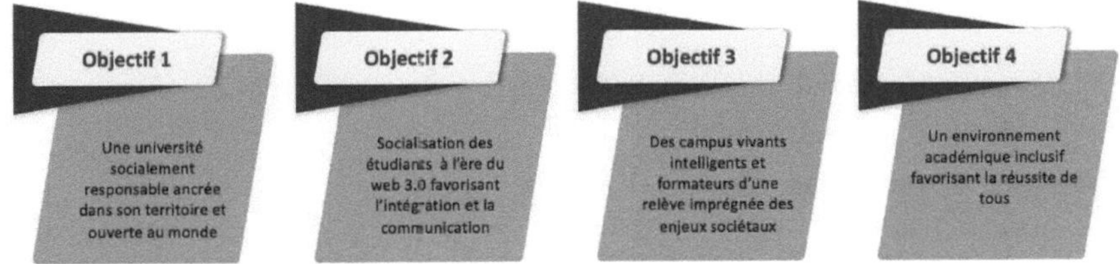

Objetivo principal:

Criar um ambiente universitário inclusivo, acolhedor e dinâmico que promova a diversidade, o bem-estar, a participação dos estudantes e uma integração bem sucedida no mundo académico e profissional.

1. Promover a inclusão e a diversidade

A inclusão e a diversidade são essenciais para enriquecer a vida universitária e promover um clima de respeito e colaboração.

Objectivos específicos :

- Aumentar a representação de grupos sub-representados na população estudantil.
- Promover uma cultura de inclusão que respeite as diferenças.

Acções pormenorizadas:

- **Campanha de sensibilização:** Organizar campanhas de sensibilização sobre a diversidade cultural, religiosa e de género, utilizando cartazes, brochuras e eventos interactivos (por exemplo, debates, projecções de filmes).
- **Políticas de admissão inclusivas:** Implementar políticas de admissão que promovam o acesso de estudantes de meios desfavorecidos, oferecendo bolsas de estudo e ajuda financeira.
- **Formação de professores:** Oferecer formação ao pessoal académico sobre abordagens de ensino inclusivas e gestão de turmas diversificadas.

Indicadores de desempenho :

- Taxa de aumento da diversidade da população estudantil.

- Número de sessões de formação dadas ao pessoal sobre inclusão.
- Feedback dos alunos sobre a sua experiência de inclusão.

2. Envolvimento dos estudantes e vida comunitária

O envolvimento ativo dos estudantes na vida comunitária e académica melhora a experiência universitária.

Objectivos específicos :

- Criar oportunidades para os alunos se envolverem em actividades enriquecedoras e significativas.
- Promover um clima de camaradagem e colaboração.

Acções pormenorizadas:

- **Criação de um calendário de eventos:** Estabelecer um calendário anual de eventos culturais, sociais e desportivos, incluindo dias abertos, concursos, conferências e workshops.
- **Apoio logístico e financeiro às associações de estudantes:** Prestar apoio financeiro e logístico às associações de estudantes para as ajudar a organizar as suas actividades (salas, equipamento, etc.).
- **Criar um sistema de reconhecimento:** Criar um sistema de reconhecimento das contribuições dos alunos para as actividades comunitárias, como certificados ou prémios anuais.

Indicadores de desempenho :

- Número de eventos organizados por estudantes e taxas de participação.
- Taxa de satisfação dos estudantes com as actividades comunitárias.
- Número de projectos de estudantes financiados e apoiados.

3. Saúde e bem-estar dos estudantes

Garantir o bem-estar físico e mental dos estudantes é essencial para o seu sucesso académico.

Objectivos específicos :

- Facilitar o acesso a serviços de saúde mental e física.
- Promover um estilo de vida saudável e equilibrado.

Acções pormenorizadas:

- **Consultas psicológicas gratuitas:** Criar um serviço gratuito de consultas psicológicas, com profissionais formados para lidar com problemas como o stress, a ansiedade e a depressão.
- **Programas desportivos e de lazer:** criar programas desportivos regulares (futebol, basquetebol, ioga, etc.) e actividades de lazer para incentivar um estilo de vida ativo.
- **Dias de bem-estar:** Organizar dias dedicados à saúde e ao bem-estar, com workshops sobre nutrição, gestão do stress e sessões de atividade física.

Indicadores de desempenho :

- Número de estudantes que recorrem a serviços de saúde mental.
- Taxas de participação em programas desportivos e jornadas de bem-estar.
- Taxa de satisfação dos estudantes com os serviços de saúde e bem-estar.

4. Integração profissional e desenvolvimento de competências

A preparação dos estudantes para a vida ativa é crucial para o seu sucesso futuro.

Objectivos específicos :

- Reforçar as ligações com o sector profissional para estágios e empregos.
- Desenvolver as competências interdisciplinares necessárias no mercado de trabalho.

Acções pormenorizadas:

- **Estágios obrigatórios:** Incorporar períodos de estágio obrigatórios nos currículos para proporcionar experiência prática e contactos profissionais.
- **Workshops sobre competências profissionais:** Organizar workshops sobre redação de CV, preparação para entrevistas e competências interpessoais.
- **Tutoria por profissionais:** Criar um programa de tutoria em que os profissionais acompanhem os estudantes ao longo do curso, oferecendo conselhos e recomendações.

Indicadores de desempenho :

- Percentagem de estudantes que encontraram um posto de trabalho através do ESEF.
- Taxa de empregabilidade dos diplomados no prazo de seis meses após a obtenção do diploma.
- Taxa de satisfação dos alunos com os seminários de desenvolvimento profissional.

5. Cultura e intercâmbio intercultural

O incentivo aos intercâmbios interculturais contribui para enriquecer a experiência universitária e promover a compreensão mútua.

Objectivos específicos :

- Incentivar os intercâmbios entre estudantes nacionais e internacionais.
- Promover uma cultura de abertura e respeito.

Acções pormenorizadas:

- **Programas de intercâmbio:** Estabelecer parcerias com universidades no estrangeiro para o intercâmbio de estudantes, permitindo a imersão cultural.
- **Celebrações interculturais:** Organizar celebrações culturais, como festivais de comida, exposições de arte e eventos de partilha de línguas.
- **Formação de estudantes embaixadores:** Formação de estudantes embaixadores para promover a internacionalização da ESEF e facilitar os intercâmbios interculturais.

Indicadores de desempenho :

- Número de estudantes que participam em programas de intercâmbio.
- Taxa de participação em celebrações interculturais.
- Feedback dos estudantes sobre a sua experiência intercultural na ESEF.

6. Comunicação e partilha de informações

Uma comunicação eficaz é essencial para garantir que todos os alunos tenham conhecimento dos recursos e actividades disponíveis.

Objectivos específicos :

*   Melhorar a comunicação interna entre a administração, os professores e os alunos.
*   Facilitar o acesso à informação sobre serviços e eventos.

Acções pormenorizadas:

*   **Plataforma em linha centralizada:** Criar uma plataforma em linha onde os estudantes possam encontrar informações sobre os serviços disponíveis, os próximos eventos e as oportunidades de financiamento.
*   **Boletins informativos regulares:** Crie boletins informativos mensais por correio eletrónico com actualizações sobre eventos, iniciativas de bem-estar e oportunidades de estágio.
*   **Reuniões regulares:** Organizar reuniões regulares entre os representantes dos estudantes e a administração para debater preocupações e sugestões.

Indicadores de desempenho :

*   Taxa de utilização da plataforma em linha pelos estudantes.
*   Número de boletins informativos enviados e taxa de abertura.
*   Taxa de satisfação dos alunos com a comunicação interna.

Conclusão

A Área Estratégica V: **Vida Universitária e Inclusão** tem como objetivo estabelecer uma cultura de inclusão, bem-estar e compromisso na ESEF Agadir. Ao reforçar as iniciativas em torno da diversidade, do envolvimento da comunidade, do bem-estar dos estudantes, da integração profissional e dos intercâmbios interculturais, a ESEF está a posicionar-se como um ator-chave na educação inclusiva. Este enfoque estratégico contribui não só para o sucesso académico dos estudantes, mas também para o seu desenvolvimento pessoal e profissional, preparando-os para serem os futuros líderes da sociedade.

Área estratégica VI :

Digitalização

Objetivo principal:

Tirar partido das ferramentas digitais e das tecnologias da informação para melhorar o ensino, a investigação, a gestão administrativa e os serviços aos estudantes, consolidando e capitalizando simultaneamente os activos digitais.

1. Melhorar a educação através da digitalização

A integração de ferramentas digitais no processo de ensino pode tornar a aprendizagem mais interactiva e acessível.

Objectivos específicos :

- Utilização de ferramentas digitais para diversificar os métodos de ensino.
- Reforçar a interação entre professores e alunos.

Acções pormenorizadas:

- **Implementação da sala de aula invertida:** Adotar métodos de sala de aula invertida em que os alunos estudam conteúdos teóricos em linha e utilizam o tempo de aula para actividades práticas, debates e trabalho de grupo.
- **Criação de MOOCs (Massive Open Online Courses):** Desenvolvimento de cursos em linha abertos e massivos sobre temas-chave da educação e da formação, acessíveis a um vasto público.
- **Recursos digitais:** Desenvolver uma biblioteca digital rica, incluindo livros electrónicos, artigos, tutoriais em vídeo e recursos interactivos.

Indicadores de desempenho :

- Percentagem de professores que utilizam ferramentas digitais nas suas aulas.

- Taxas de participação dos estudantes em MOOC e a biblioteca digital.

- Avaliações dos alunos sobre a eficácia dos métodos de ensino digital.

2. Otimização dos processos administrativos

A digitalização dos processos administrativos pode não só melhorar a eficiência, mas também facilitar o acesso dos estudantes e do pessoal aos serviços.

Objectivos específicos :

- Desenvolver uma gestão administrativa centralizada e digital.
- Reduzir a burocracia e melhorar os tempos de processamento das candidaturas.

Acções pormenorizadas:

- **Criação de um sistema de informação integrado:** Desenvolver um sistema centralizado de gestão de todas as informações administrativas (inscrições, notas, diplomas, etc.) acessível aos estudantes e ao pessoal.
- **Automatização de processos:** Automatize os procedimentos administrativos, tais como pedidos de subvenção, registos de cursos e certificados, utilizando formulários em linha e fluxos de trabalho digitais.
- **Serviço digital de** apoio **ao cliente:** Criar um serviço de assistência em linha para responder às perguntas dos alunos e dos pais, facilitando o acesso à informação.

Indicadores de desempenho :

- Taxa de satisfação dos utilizadores do sistema de informação integrado.
- Tempo médio de processamento dos pedidos administrativos.
- Redução da papelada graças à digitalização.

3. Reforçar a investigação através da digitalização

A digitalização pode também desempenhar um papel fundamental no desenvolvimento da investigação, facilitando o acesso aos recursos e melhorando a colaboração.

Objectivos específicos :

- Melhorar o acesso aos instrumentos e recursos de investigação.
- Incentivar a colaboração interinstitucional.

Acções pormenorizadas:

- **Portal de investigação:** Criar um portal de investigação para reunir todas as publicações, projectos em curso e resultados de investigação de professores e alunos, acessíveis em linha.
- **Bases de dados em linha:** Subscreva bases de dados de investigação especializadas para ter acesso a revistas científicas e publicações relevantes.
- **Seminários e conferências virtuais:** Organização de seminários e conferências virtuais para incentivar a partilha de conhecimentos e a colaboração entre investigadores, tanto a nível local como internacional.

Indicadores de desempenho :

- Número de publicações acessíveis através do portal de pesquisa.
- Taxa de utilização de bases de dados de investigação por professores e alunos.
- Número de colaborações de investigação estabelecidas através de seminários virtuais.

4. Sensibilização e formação em literacia digital

O desenvolvimento de uma cultura digital é essencial para garantir a eficácia das iniciativas de digitalização.

Objectivos específicos :

- Promover a importância das competências digitais junto da comunidade universitária.
- Formação do pessoal e dos estudantes em ferramentas digitais.

Acções pormenorizadas:

- **Workshops de sensibilização:** Organizar workshops regulares para sensibilizar a comunidade universitária para os desafios da digitalização, incluindo a cibersegurança e a proteção dos dados pessoais.
- **Programas de formação contínua:** Criar programas de formação contínua para o pessoal e os estudantes sobre competências digitais específicas, como a gestão de dados, o marketing digital e a análise de dados.
- **Utilização de ferramentas de colaboração:** Formar os alunos e o pessoal a utilizar ferramentas de colaboração digital (como o Google Workspace, o Microsoft Teams, etc.) para facilitar o trabalho em equipa.

Indicadores de desempenho :

- Taxa de participação em workshops de sensibilização e formação.
- Feedback dos participantes sobre a utilidade da formação.
- Avaliação das competências digitais dos estudantes e do pessoal antes e depois dos cursos de formação.

5. Capitalizar e consolidar os activos digitais

Para garantir a sustentabilidade das iniciativas digitais, é fundamental tirar partido da experiência e dos projectos já realizados.

Objectivos específicos :

- Avaliar o impacto das iniciativas digitais existentes.
- Acompanhamento regular dos projectos digitais.

Acções pormenorizadas:

- **Avaliação regular:** Estabelecer um processo de avaliação anual das iniciativas digitais para analisar o seu impacto e eficácia, com base em indicadores quantitativos e qualitativos.
- **Criação de parcerias:** Trabalhar com outras instituições para partilhar as melhores práticas e recursos, participando simultaneamente em projectos de investigação sobre a digitalização da educação.
- **Documentar os êxitos:** Criar um relatório anual sobre os projectos digitais do ESEF, incluindo estudos de casos de iniciativas bem sucedidas, lições aprendidas e recomendações para o futuro.

Indicadores de desempenho :

- Número de avaliações efectuadas e resultados obtidos.
- Taxa de adoção das recomendações de avaliação.
- Número de parcerias estabelecidas para partilhar boas práticas.

6. Compromisso das partes interessadas com a digitalização

É essencial envolver todas as partes interessadas no processo de digitalização para garantir o seu sucesso e adoção.

Objectivos específicos :

- Envolver professores, alunos e pessoal administrativo no processo de digitalização.
- Recolher feedback para melhorar as iniciativas.

Acções pormenorizadas:

- **Criação de um comité de digitalização:** Criar um comité que inclua representantes dos professores, dos estudantes e da administração para supervisionar as iniciativas digitais e fazer recomendações.
- **Inquéritos:** Realizar sondagens e inquéritos regulares para recolher as opiniões dos utilizadores sobre as ferramentas digitais, a fim de identificar as áreas a melhorar.
- **Eventos de partilha:** Organizar eventos de partilha em que professores e alunos possam apresentar as suas experiências positivas e negativas de digitalização, promovendo uma cultura de melhoria contínua.

Indicadores de desempenho :

- Número de reuniões do comité de digitalização e acções implementadas.
- Taxa de resposta a sondagens e inquéritos.
- Feedback dos participantes sobre os eventos de partilha.

Conclusão

Eixo estratégico VI: **Digitalização, uma alavanca para o desenvolvimento da ESEF: A capitalização e a consolidação** representam uma oportunidade fundamental para transformar a ESEF numa instituição moderna e dinâmica, capaz de responder aos desafios do ensino superior no século XXI. Ao integrar as tecnologias digitais em todos os aspectos da vida académica e administrativa, a ESEF pode melhorar a experiência de aprendizagem dos estudantes, aumentar a eficiência das suas operações e posicionar-se como um ator importante na educação no Norte de África e na região MENA. Ao fazê-lo, a ESEF contribuirá para a formação de profissionais competentes e preparados para enfrentar os desafios de um mundo em constante mudança.

CONCLUSÃO

Este projeto de desenvolvimento da Escola Superior de Educação e Formação de Agadir (ESEFA) para o período 2024-2028 inscreve-se numa abordagem ambiciosa e bem pensada que visa posicionar a nossa instituição como um modelo de excelência no domínio da educação e da formação. Num mundo de desafios educativos em rápida mutação, temos de nos adaptar e inovar para responder às necessidades crescentes da nossa sociedade. Esta visão divide-se em várias áreas estratégicas, cada uma das quais desempenha um papel crucial no nosso projeto global.

1. Reforçar a oferta de formação e a inovação pedagógica

Estamos empenhados em oferecer uma formação de qualidade, adaptada às realidades do sector e às exigências do mercado. Para isso, planeámos :

- **Currículos revistos e modernizados:** integrando competências interdisciplinares como o pensamento crítico, a criatividade e a empatia, para preparar os nossos estudantes para se tornarem agentes de mudança nas suas futuras carreiras.

- **Ensino ativo e colaborativo:** através da promoção de métodos de ensino inovadores, como o trabalho em grupo, a aprendizagem baseada em projectos e a utilização de tecnologias interactivas. Estas abordagens incentivam a participação ativa dos estudantes e reforçam o seu empenho no processo de aprendizagem.

- **Avaliação contínua e formativa:** através do desenvolvimento de sistemas de avaliação que tenham em conta não só os resultados académicos, mas também a evolução das competências e atitudes dos alunos.

2. Investigação científica inovadora: visibilidade e competitividade do ESEFA

A investigação é um motor essencial do nosso desenvolvimento. O nosso objetivo é reforçar a nossa capacidade de investigação através de :

- **Incentivar projectos de investigação em colaboração:** estabelecendo parcerias com outras instituições académicas, organizações de investigação e intervenientes no sector da educação para estimular a inovação e o intercâmbio de conhecimentos.

- **Apoiar a publicação e a divulgação dos resultados:** oferecendo formação em redação científica e publicação em revistas especializadas, bem como conferências para partilhar os resultados da investigação com a comunidade académica e o público em geral.

- **Criação de laboratórios de investigação:** através da criação de estruturas dedicadas à investigação, onde professores-investigadores e estudantes possam colaborar em projectos inovadores, promovendo assim um ambiente de investigação dinâmico.

3. Governação universitária: responsabilidade e mobilização

A governação desempenha um papel fundamental na implementação do nosso projeto. O nosso objetivo é :

- **Estabelecer uma governação participativa:** envolvendo todas as partes interessadas no processo de tomada de decisões, incluindo estudantes, pessoal administrativo e professores, a fim de reforçar a transparência e a responsabilização.

- **Desenvolver mecanismos de acompanhamento e avaliação:** estabelecendo indicadores de desempenho claros para avaliar o impacto das nossas acções e ajustar a nossa estratégia em conformidade.

- **Promover uma cultura de excelência: incentivando** a inovação e a melhoria contínua a todos os níveis da escola, a fim de reforçar a nossa posição como instituição de ensino superior de referência.

4. Reforçar a cooperação, a abertura e as parcerias

Acreditamos firmemente que a cooperação é essencial para enriquecer a nossa oferta educativa. Para o efeito, iremos :

- **Estabelecer parcerias com instituições nacionais e internacionais:** promovendo intercâmbios académicos, estágios de estudantes e projectos de investigação conjuntos.
- **Trabalhar com empresas e organizações da sociedade civil:** para adaptar a nossa formação às necessidades do mercado de trabalho e promover a empregabilidade dos nossos diplomados.
- **Organizar eventos de ligação em rede: tais** como conferências, workshops e fóruns, para incentivar o intercâmbio de ideias e boas práticas entre as diferentes partes interessadas no sector da educação.

5. Vida universitária e inclusão

A vida universitária deve ser inclusiva e dinâmica. Estamos empenhados em :

- **Promover a igualdade de oportunidades:** através da adoção de políticas de acesso e apoio aos estudantes de meios desfavorecidos e da garantia de um ambiente de aprendizagem respeitador e inclusivo.
- **Desenvolver actividades extracurriculares:** oferecendo aos estudantes oportunidades de se envolverem em clubes, associações e projectos comunitários, promovendo assim o seu desenvolvimento pessoal e profissional.
- **Reforçar o apoio psicológico e académico:** fornecendo serviços de orientação, tutoria e aconselhamento para ajudar os estudantes a superar desafios académicos e pessoais.

6. Digitalização: uma alavanca para o desenvolvimento

A digitalização é um desafio importante para a ESEFA. O nosso objetivo é :

- **Integrar as tecnologias digitais em todos os aspectos do ensino:** desenvolvendo cursos em linha, ferramentas de aprendizagem interactivas e plataformas de colaboração para facilitar o acesso à informação e a interação entre alunos e professores.

- **Otimização da gestão administrativa:** através da digitalização dos processos administrativos para reduzir a burocracia e melhorar a eficiência dos serviços aos estudantes.

- **Promoção de uma cultura digital:** através da formação de toda a comunidade académica em competências digitais, assegurando que todos possam tirar partido das ferramentas tecnológicas disponíveis.

Em conclusão, o plano de desenvolvimento da ESEFA para o período 2024-2028 é um roteiro claro e ambicioso. Cada eixo estratégico foi cuidadosamente pensado para garantir que a nossa instituição não só responde aos desafios actuais, mas também se posiciona como um líder na educação e formação.

Estamos convictos de que, com o empenho coletivo de todas as partes interessadas, podemos concretizar esta visão e contribuir para a formação de profissionais competentes e inovadores, capazes de se adaptarem aos desafios de um mundo em constante mudança. Este projeto não é apenas um plano de ação para a ESEFA, mas também um compromisso para com a nossa comunidade, o nosso país e as gerações futuras.

Gostaríamos de agradecer a todos os envolvidos no desenvolvimento deste projeto e ao seu empenho em fazer do ESEFA uma referência de qualidade de ensino. Juntos, construiremos um futuro promissor para os nossos alunos e para a educação em Marrocos.

REFERÊNCIAS

1. Discursos reais de Sua Majestade o Rei Mohammed VI

2. Carta Nacional da Educação e da Formação

3. Visão Estratégica 2015-2030 do Conselho Superior de Educação, Formação e Investigação Científica

4. Lei 01-00 sobre a organização do ensino superior e da investigação científica

5. O novo modelo de desenvolvimento

6. Lei-quadro 51.17 relativa ao sistema de educação, formação e investigação científica

7. O programa do governo para 2021-2026

8. Projectos de desenvolvimento UH2C e relatórios de atividade 2002-2021

9. Ata do Conselho de Administração da Universidade Hassan II de Casablanca 2014-2021

10. Relatórios do Conselho Superior de Educação, Formação e Investigação Científica

11. Estratégia nacional para o desenvolvimento da investigação científica até 2025

12. Relatório da Academia de Ciência e Tecnologia Hassan II: Uma política de ciência, tecnologia e inovação para apoiar o desenvolvimento de Marrocos

13. Textos legislativos e regulamentares relativos ao ensino superior, Ministério do Ensino Superior, da Investigação Científica e da Inovação, 2021

14. Projeto de Lei das Finanças 2021. Volet relatif au Ministère de l'Enseignement Supérieur de la Recherche Scientifique et de l'Innovation", 2021

15. Programa de Desenvolvimento Regional (PDR) para a região de

Casablanca-Settat

16.	Estratégias nacionais para o desenvolvimento da economia digital, Ministério da Indústria, do Comércio, do Investimento e da Economia Digital, 08 de novembro de 2016.

17.	Estratégia Nacional de Desenvolvimento Sustentável (ENDS) 2030, Resumo Executivo, outubro de 2017

18.	Estudo "Profil de la croissance économique des régions", Ministère de l'Économie et des Finances, Diretion des Études et des Prévisions Financières, junho de 2017.

Printed by Books on Demand GmbH, Norderstedt / Germany